AF262316

FUNÉRAILLES

DE

JEAN-ANTOINE-MARIE IDRAC

DISCOURS

PRONONCÉ PAR

M. EUG. GUILLAUME

LE 29 DÉCEMBRE 1884

PARIS

TYPOGRAPHIE GEORGES CHAMEROT

19, RUE DES SAINTS-PÈRES, 19

1885

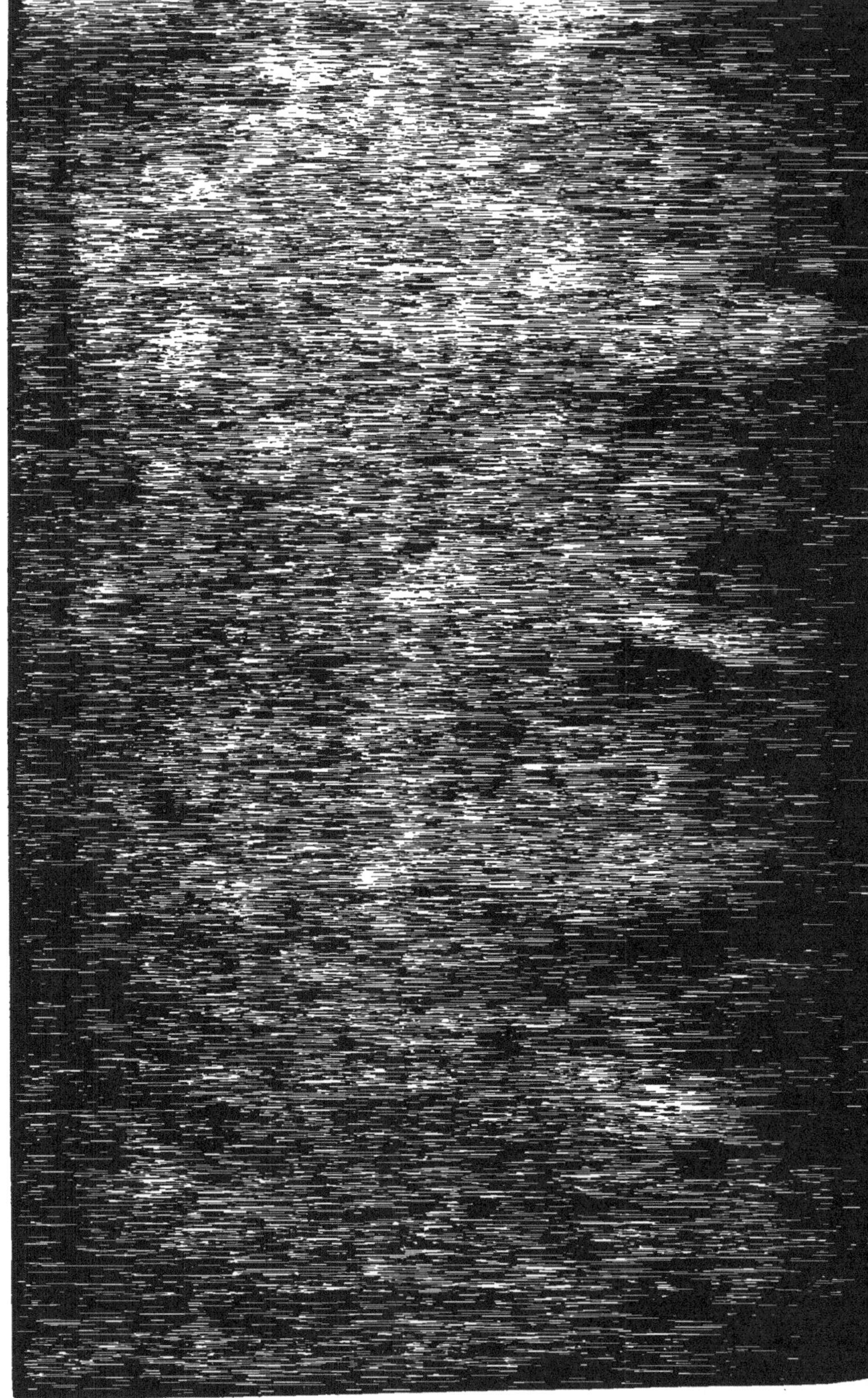

FUNÉRAILLES

DE

JEAN-ANTOINE-MARIE IDRAC

FUNÉRAILLES

DE

JEAN-ANTOINE-MARIE IDRAC

DISCOURS

PRONONCÉ PAR

M. EUG. GUILLAUME

LE 29 DÉCEMBRE 1884

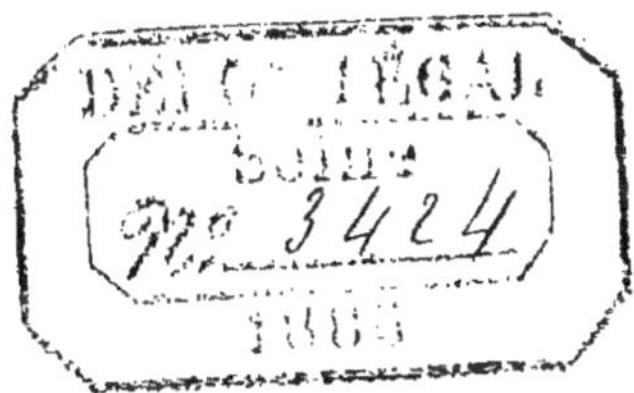

PARIS

TYPOGRAPHIE GEORGES CHAMEROT

19, RUE DES SAINTS-PÈRES, 19

1885

FUNÉRAILLES

DE

JEAN-ANTOINE-MARIE IDRAC

Paris, 29 décembre 1884.

Les obsèques de Jean-Antoine-Marie Idrac ont eu lieu aujourd'hui au Père-Lachaise. Le jeune sculpteur était très aimé des artistes de sa génération. Il avait épousé, il y a un an, la fille de l'éminent architecte M. Ballu, qui compte de si nombreuses sympathies dans Paris. Aussi la foule était-elle très grande jus-

qu'au cimetière. M. Eugène Guillaume,
qui a eu d'abord Idrac parmi ses élèves,
M. Cavelier, qui a été son maître, et
M. Agache, son ami, ont parlé sur sa
tombe. Voici le discours prononcé par
M. Guillaume :

« Messieurs,

« Pourquoi rompre le silence? Quelle
forme donner à ma pensée? n'est-ce pas
tout dire que pleurer? Que vous apprendrai-
je sur notre cher Idrac et sur sa destinée?

« Il était venu à Paris au sortir de cette
école de Toulouse à qui nous devons tant
d'artistes excellents. Il avait dix-sept ans :
il était déjà tel que nous l'avons toujours
connu, plein de fermeté et de modestie. Il
portait dans les yeux cette noble et pure
ardeur qui ne cessa d'échauffer son âme.

« Je l'eus quelque temps près de moi ; mais c'est à la direction de M. Cavelier qu'il dut le développement de son talent. Des études fortes et brillantes, que sa conscience impuissante à se satisfaire rendait laborieuses, le conduisirent à Rome.

« Il y trouva cette vie idéale qui, là plus particulièrement qu'ailleurs, se révèle à ceux qui ont vraiment le culte de l'art : vie de travail et de contemplation dans laquelle se fortifient chaque jour le talent et le caractère. Le génie de la villa Médicis est un génie sévère. Idrac en sentit l'influence et il trouva du charme à s'y soumettre. Les ouvrages qu'il exécuta alors témoignent d'un sentiment sculptural élevé ; personne ne comprit mieux que lui la dignité de la statuaire. Depuis, il nous a donné d'autres œuvres, mais à des intervalles marqués. Il n'avait point la hâte de produire ; mais il apportait une application infatigable à exprimer toute sa pensée par des formes qui touchaient à la perfection. Récemment, à la suite d'un brillant concours, il avait été chargé de la statue d'Étienne Marcel. Il était apprécié à l'étranger comme en France : sa place était de plus en plus marquée au premier rang. *Mercure inventant le caducée, Amour piqué, Salammbô*, belles statues, beaux marbres qu'a taillés sa main vaillante et délicate, vous nous apparaissez ! Vous éclairez notre deuil, mais c'est pour rendre nos regrets plus amers ! La noble inspiration dont vous êtes sortis vient de s'éteindre, et pour jamais.

« Chez un tel artiste, la vie allait de pair avec le talent. Là aussi, Idrac portait de hautes qualités. Son cœur aimant ne se donnait pas à la légère. Il pouvait en toute fierté montrer ses amis. Quelle dignité simple, quelle touchante et suprême modestie dans la tenue, dans le discours, dans les habitudes! Quelle droiture en toute chose! L'idée que faisait naître un pareil caractère s'exprimait d'un mot : l'honneur! Idrac était l'honneur même.

« Tant de mérites ne pouvaient se dérober à des yeux capables de les distinguer. En dépit d'une réserve extrême, cette perfection devait être appréciée.

« Une famille à la tête de laquelle est un artiste illustre, — une chère famille à laquelle m'attachent la parenté et une inviolable affection, — jeta les yeux sur lui. Pouvant avoir d'autres visées, elle mit son ambition à s'allier à lui. Une jeune fille incomparable le reçut de ses parents, comme l'époux le plus digne d'elle. Le bonheur vint à Idrac comme une juste récompense. Le monde applaudit à une union qui sem-

blait assurer l'avenir. Et, en effet, quel des-
sein fut jamais plus louable? Quel choix
plus pur et aussi quel couple plus parfait?
Et cependant, à la honte de l'humaine
sagesse, tout cela aboutit à l'événement
terrible d'hier : tout finit à cette tombe
autour de laquelle nous nous tenons écrasés
par la douleur, stupéfaits et comme si nous
faisions un rêve affreux.

« Quelle catastrophe! Où nous tourner
pour échapper à notre cruelle obsession,
pour trouver quelque force? De tous côtés,
on ne voit que deuil sans remède. Ici, c'est
son père, dont il était l'orgueil et l'adora-
tion. — Là, le chef de sa nouvelle famille,
qui n'a pu suivre les funérailles, mais dont
je sens la pensée comme si elle était ici
présente, dont je crois entendre les sanglots.
— A mes côtés, inconsolables, ceux dont il
était devenu le frère d'adoption. — Puis nous

tous, ses alliés et ses amis, l'âme déchirée, atterrés... Ah! je n'ose pas jeter les yeux derrière moi : je n'ai pas le courage de regarder vers cette maison que nous venons de quitter, là où reste, où pleure la pauvre jeune femme, la jeune veuve, hélas! qui porte dans son sein un être qui ne connaîtra pas son père, ce père qui l'attendait tout palpitant de tendresse et de joie!

« Assemblage accablant de toutes les douleurs, vous nous troublez! N'est-il pas vrai, Messieurs, que le bonheur est redoutable! Oh! vous qui êtes heureux, soyez frappés d'épouvante, ou du moins soyez avertis! Ce qui, dans notre vie, touche à la perfection, aussitôt s'écroule. Les heureux, ceux qui sont le plus justement heureux, sont frappés comme des coupables. La félicité la plus pure semble appeler comme un châtiment... Devant une telle iniquité de la destinée, tout notre être se révolte et l'on en vient à se demander quels sont les desseins du Dieu qui nous brise, qui ne veut pas que nous jouissions des biens qu'il nous a donnés.

« Mais imposons silence à nos amères pensées. Respectons ce lieu ; respectons les croyances de l'homme rare que nous avons perdu. Notre cher Idrac a vécu plein de foi : aucune parole ne doit sortir de notre bouche qu'il eût réprouvée. Oui, il adorait le Christ Sauveur, qui a voulu connaître la souffrance, qui a senti les déchirements de la chair et les angoisses de l'agonie, qui, cependant, a demandé que le calice se détournât de lui, et qui a crié vers le Ciel à sa dernière heure. Inclinons-nous devant l'arrêt qui nous a tous frappés avec notre ami. Puisse le Dieu qui nous l'a enlevé adoucir les douleurs qu'une telle perte a causées, conserver l'orphelin, veiller sur la mère!... Et si ma plainte l'a offensé, qu'il me pardonne!

« Et maintenant, que nous reste-t-il, après que nous avons étouffé le cri de désespoir que nous arrachait ce deuil sans mesure? Rien, que le sentiment de notre impuissance, la conscience d'un malheur irréparable et les larmes. »

Paris. — Typ. G. Chamerot, 19, rue des Saints-Pères. — 17268.

34